101
CURIOSIDADES
BRASIL

Ciranda Cultural

Dados Internacionais de Catalogação na Publicação (CIP) de acordo com ISBD

B236c   Barbieri, Paloma Blanca Alves

101 curiosidades - Brasil/ Paloma Blanca Alves Barbieri ;
ilustrado por Shutterstock. – Jandira, SP : Ciranda Cultural, 2021.
32 p. ; 15,5cm x 22,6cm. – (101 curiosidades)

ISBN: 978-65-5500-768-8

1. Literatura infantojuvenil. 2. Curiosidade. 3. Brasil. 4. História do
Brasil. 5. Geografia. I. Shutterstock. II. Título. III. Série.

CDD 028.5
CDU 82-93

2021-1944

Elaborado por Vagner Rodolfo da Silva - CRB-8/9410

Índice para catálogo sistemático:
1. Literatura infantojuvenil 028.5
2. Literatura infantojuvenil 82-93

© 2021 Ciranda Cultural Editora e Distribuidora Ltda.
Produção: Ciranda Cultural
Texto: Paloma Blanca Alves Barbieri
Preparação: Ana Paula Uchoa
Revisão: Cleusa S. Quadros e Karine Ribeiro
Diagramação: Coletivo Editoriall
Imagens: Shutterstock.com
(Legenda: S=Superior, I=Inferior, M=Meio, E=Esquerda, D=Direita)
Capa = (T=Topo; A=Abaixo; C=Centro; E=Esquerda; D=Direita)
TE=Vinicius R. Souza; TD=Laboko; CE=Andre Cecim; C=Freedom Life; CD=Sandro V. Maduell; AE=Prachaya
Roekdeethaweesab; AD=tenenbaum
Miolo = 6/S = GPinela; 7/S = edusma7256; 8/S = Prachaya Roekdeethaweesab; 8/I = Triff; 9/S = Cassiohabib;
10/S = Erich Sacco; 10/I = Dado Photos; 11/E = GocmenStudio; 11/D =Prachaya Roekdeethaweesab; 13/I =
Save nature and wildlife; 14/S = Oleg Golovnev; 14/I = Renan Martelli da Rosa; 15/S = bissig; 15/I = Janusz
Pienkowski; 16/S = flanovais; 17/S = Graziegranata; 17/I = Vitor Lando; 18/E = Leonidas Santana; 18/D =
Prachaya Roekdeethaweesab; 19/S = Maarten Zeehandelaar; 20/E = Renan Martelli da Rosa; 20/D = Ronaldo
Almeida; 21/I = Andre Luiz Moreira; 22/S = A.PAES; 23/I = T photography; 24/S = Jefferson Bernardes; 24/I =
ph.FAB; 25/E = A.RICARDO; 25/D = lev radin; 26/I = jaboticaba images; 27/I = Evikka; 28/S = Douglas Pfeiffer;
28/I = Ruslan Semichev; 29/S = Caio Pederneiras; 29/I = DihandraPinheiro; 30/S = anuphadit; 30/I = Laine Paiva;
31/I = Mark Schwettmann; 32 = avtor painter;
Wikimedia - 12/S = Domínio Público;

1ª Edição em 2021
4ª Impressão em 2023
www.cirandacultural.com.br
Todos os direitos reservados. Nenhuma parte desta publicação pode ser reproduzida, arquivada em sistema
de busca ou transmitida por qualquer meio, seja ele eletrônico, fotocópia, gravação ou outros, sem prévia
autorização do detentor dos direitos, e não pode circular encadernada ou encapada de maneira distinta daquela
em que foi publicada, ou sem que as mesmas condições sejam impostas aos compradores subsequentes.

SUMÁRIO

HISTÓRIA DO BRASIL — 6-9

CURIOSAS ESTATÍSTICAS — 10-11

CONFLITOS, REVOLUÇÕES E REVOLTAS — 12-13

PERSONALIDADES HISTÓRICAS — 14-15

DELÍCIAS BRASILEIRAS — 16-17

GRANDES NOMES DA LITERATURA — 18-19

MAIORES REPRESENTANTES DA MÚSICA — 20-21

PRINCIPAIS NOMES DA ARTE — 22-23

BRASIL EM CAMPO — 24-25

COMEMORAÇÕES IMPORTANTES — 26-27

RECORDES BRASILEIROS — 28-29

CURIOSIDADES REGIONAIS — 30-31

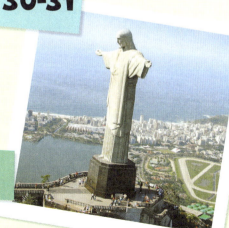

TOP 10 DAS MARAVILHAS DO BRASIL — 32

HISTÓRIA DO BRASIL

1. TERRA À VISTA!

A expedição comandada por Pedro Alvares Cabral, que resultou na descoberta do território brasileiro, durou 44 dias. Saindo de Lisboa em 9 de março de 1500, o navegador e os tripulantes ancoraram na região baiana em 22 de abril do mesmo ano. Distribuídas em 10 grandes navios e 3 caravelas, 1,5 mil pessoas participaram da expedição. Uma das embarcações, porém, desapareceu no trajeto e nunca foi encontrada.

2. QUANTAS CAPITAIS!

Antes de Brasília ser declarada a capital do Brasil, o que aconteceu em 21 de abril de 1960, o país teve 3 capitais: a primeira foi Salvador, de 1549 a 1763; a segunda, o Rio de Janeiro, entre 1763 e 1960. A terceira capital foi Curitiba, mas sua nomeação durou um período de apenas três dias, de 24 a 27 de março de 1969.

3. POR QUE ÍNDIOS?

O termo "índio" surgiu de uma invenção e, ao mesmo tempo, de um engano dos europeus. Achando que haviam chegado às Índias, os portugueses apelidaram os primeiros habitantes do Brasil de índios. Estima-se que, naquela época, havia cerca de 5 milhões de índios e 1.400 tribos no país.

BRASIL E OUTROS NOMES

Antes de se chamar Brasil, o que aconteceu após 1527, o país recebeu outros oito nomes. Sabe quais são? Pindorama, nome dado pelos indígenas e que significa Terra das Palmeiras; Ilha de Vera Cruz (1500); Terra Nova (1501); Terra dos Papagaios (1501); Terra de Vera Cruz (1503); Terra de Santa Cruz (1503); Terra Santa Cruz do Brasil (1505) e Terra do Brasil (1505).

AS 13 BANDEIRAS

O Brasil já teve 13 bandeiras até hoje, e a mais atual representa o país desde 1889. Apesar de variadas, todas as bandeiras mantiveram os símbolos nacionais de Portugal, incluindo a bandeira atual. Diferentemente do que muitos acreditam, que as cores da bandeira representam a mata, o ouro e o céu, as cores verde e amarela foram mantidas para representar a casa de Bragança, de Dom Pedro I; e a casa de Habsburgo, de Dona Leopoldina.

CERTIDÃO DO BRASIL

O primeiro documento sobre a história do Brasil foi escrito pelo escrivão português Pero Vaz de Caminha. Escrita ainda em 1500, a carta, que era direcionada ao rei lusitano Dom Manuel I, descrevia as primeiras impressões de Caminha sobre a terra encontrada pelos portugueses. Sua carta ainda existe e está muito bem guardada no Arquivo Nacional da Torre do Tombo, em Lisboa (Portugal), podendo ser vista em ocasiões especiais.

RIQUEZA LINGUÍSTICA

Como resultado da colonização, o idioma oficial do Brasil é o português. Porém, outras centenas de línguas são faladas no território nacional, e todas são de origem indígena. Estima-se que, antes da chegada dos portugueses ao Brasil em 1500, havia entre 600 e 1.000 línguas faladas pelos indígenas. Atualmente, um pouco mais de 150 línguas indígenas continuam sendo faladas no país.

HISTÓRIA DO BRASIL

MONARCAS DO BRASIL 8

Durante o período monárquico, o Brasil teve dois imperadores: **Dom Pedro I** e seu filho, Dom Pedro II. Dom Pedro I tinha um sobrenome bem grande. Ele se chamava Pedro de Alcântara Francisco António João Carlos Xavier de Paula Miguel Rafael Joaquim José Gonzaga Pascoal Cipriano Serafim de Bragança e Bourbon. Dom Pedro II, que foi coroado imperador com apenas 15 anos de idade, possuía um nome tão grande quanto o do pai: Pedro de Alcântara João Carlos Leopoldo Salvador Bibiano Francisco Xavier de Paula Leocádio Miguel Gabriel Rafael Gonzaga de Bragança e Bourbon.

INDEPENDÊNCIA 9

Quando o Brasil finalmente rompeu sua ligação com Portugal, nossa independência foi declarada, e o país se transformou em uma monarquia comandada por Dom Pedro I. Esse grandioso fato aconteceu em 7 de setembro de 1822, quando o monarca proclamou o grito da independência às margens do riacho do Ipiranga, na atual cidade de São Paulo — por isso, cantamos no Hino Nacional Brasileiro: "Ouviram do Ipiranga as margens plácidas..."

A ESCRAVIDÃO 10

A escravidão no Brasil se deu a partir de 1530, quando os portugueses começaram o processo de colonização do país. Inicialmente, apenas os indígenas eram escravizados. Depois de um tempo, eles passaram a ser substituídos por negros trazidos da **África** por meio do tráfico negreiro. Estima-se que os primeiros navios negreiros chegaram ao Brasil em 1532, e que, entre essa data e 1850, cerca de 5 milhões de escravizados negros chegaram ao país.

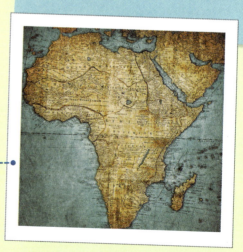

11

A ABOLIÇÃO

O tráfico de escravizados foi proibido no Brasil a partir de 1850. Mas a abolição da escravidão aconteceu apenas em 1888, graças à pressão de outros países, à resistência dos próprios escravizados e, claro, à assinatura da Lei Áurea. Por meio dessa lei, cerca de 700 mil escravizados obtiveram sua liberdade.

12

QUILOMBO DOS PALMARES

Construído no século XVI na região em que se encontra o atual estado de Alagoas, o Quilombo dos Palmares foi o maior que existiu na América Latina. Com cerca de 20 mil habitantes, o local se tornou um dos grandes símbolos da resistência dos escravizados no Brasil, tendo Zumbi dos Palmares como líder.

Zumbi dos Palmares

13

PRIMEIRA CIDADE DO BRASIL

Localizada no litoral de São Paulo, a primeira cidade fundada no Brasil foi São Vicente. Feita pelo militar Martim Afonso de Sousa, em 22 de janeiro de 1532, a pedido do rei de Portugal, Dom João III, a fundação surgiu com o propósito de agilizar a colonização no Brasil para que as terras não fossem tomadas pelos franceses.

14

NOMES OFICIAIS

Após algumas mudanças, República Federativa do Brasil passou a ser o nome oficial do país a partir de 1967 e permanece assim até hoje. Antes disso, Estados Unidos do Brasil e Império do Brasil tinham sido os nomes oficiais.

CURIOSAS ESTATÍSTICAS

15 GIGANTESCO TERRITÓRIO

O Brasil possui uma vasta extensão territorial, com um total de 8.515.767 quilômetros quadrados. Esse gigantesco tamanho dá ao Brasil o título de maior território da América Latina, e a quinta colocação no mundo. Para fazer uma comparação, podemos dizer que o Brasil é três vezes maior que a nossa vizinha e *hermana* Argentina, que possui 2.780.000 quilômetros quadrados.

16 UMA POPULAÇÃO E TANTO

O Brasil conta com uma população de mais de 200 milhões de habitantes. **São Paulo (SP)** é o município mais populoso do país, com mais de 12 milhões de habitantes. Já a menor população do Brasil pertence a uma cidade mineira, Serra da Saudade (MG), que possui menos de mil habitantes. Quanta diferença, não?

17 NOVO NO PEDAÇO

Localizado na Região Norte do Brasil, Tocantins é o estado mais novo do país. Antes de 1988, Tocantins fazia parte de Goiás. Para você ter uma ideia de quão novo ele é em relação aos outros, basta pensar que Tocantins tem a mesma idade que as cantoras Rihanna e Adele.

18
VELHO NO PEDAÇO
Ao contrário de Tocantins, Pernambuco é o estado mais antigo do Brasil. Localizado na Região Nordeste e vizinho de Paraíba, Ceará, Alagoas, Piauí e Bahia, o estado é uma das regiões mais antigas da Colônia Portuguesa. As famosas cidades de Olinda e Recife, por exemplo, foram fundadas em 1535 e 1537, respectivamente.

19
CAPITANIAS HEREDITÁRIAS
Atualmente, o Brasil é dividido em 27 unidades federativas, ou seja, possui 26 estados e o Distrito Federal. No entanto, o país nem sempre foi separado assim. Durante o período colonial (entre 1500 e 1822), as terras, que pertenciam a Portugal, eram divididas em capitanias hereditárias, ou seja, o território brasileiro era dividido em faixas de terra e concedidas a alguns nobres da confiança do rei de Portugal. Tais terras eram passadas de pai para filho; por isso, foram chamadas de hereditárias.

20
PRESIDENTES DO BRASIL
Até hoje, o Brasil foi governado por 38 presidentes. O primeiro foi **Marechal Deodoro da Fonseca**, que assumiu o cargo logo após a Proclamação da República, em 15 de novembro de 1889, evento celebrado até hoje, na mesma data.

21
BIODIVERSIDADE E DESMATAMENTO
Graças à Floresta Amazônica, o Brasil possui a maior biodiversidade do planeta. Apesar disso, um fato triste e curioso é que o Brasil é considerado o país que mais desmata a natureza em todo o mundo. Isso precisa ser revertido o quanto antes, certo?

CONFLITOS, REVOLUÇÕES E REVOLTAS

22. A INCONFIDÊNCIA MINEIRA

A Inconfidência Mineira ou Conjuração Mineira, que ocorreu em Minas Gerais em 1789, foi um movimento com finalidade separatista e libertária, pois tinha como objetivo libertar o Brasil do domínio de Portugal. Na época, a atenção dos portugueses estava voltada para a região mineira por causa das minas de ouro e do diamante presentes na região. Ao saber disso, é fácil entender por que o nome do estado é Minas Gerais, não é?

23. A REVOLUÇÃO FARROUPILHA

A Guerra dos Farrapos, a Revolta dos Farrapos ou a Revolução Farroupilha aconteceu entre 1835 e 1845, configurando-se como a revolta brasileira de mais longa duração. Liderada por fazendeiros de gado com apoio das camadas pobres da população, a revolução foi uma resposta do povo ao governo imperial que vinha impondo taxas exorbitantes sobre os produtos da região, como o charque, a erva-mate, os couros, o sebo, a graxa, etc.

Guerra dos Farrapos

24. A GUERRA DE CANUDOS

O conflito de Canudos ocorreu entre 1896 e 1897 no arraial de Canudos, sertão da Bahia, e foi considerado o maior movimento de resistência da história do país. O local, que ficava sob o comando de um líder religioso chamado Antônio Conselheiro, era habitado por aproximadamente 25 mil pessoas que queriam fugir da extrema miséria do sertão nordestino e que se opunham à opressão dos grandes proprietários rurais do Brasil.

A REVOLTA DA VACINA

25

Em 1904, no Rio de Janeiro, aconteceu uma revolta popular contra a vacina para a varíola. Revoltados com o fato de terem de se submeter à vacinação, milhares de pessoas ocuparam as ruas e confrontaram a polícia. Após o acontecimento, a Lei da Vacina Obrigatória, que havia sido imposta, foi modificada: a adesão à vacinação tornou-se facultativa, o que permanece até os dias de hoje.

26

A REVOLUÇÃO DE 1932

A Revolução Constitucionalista foi uma revolta armada, iniciada em julho de 1932 e liderada pelo estado de São Paulo, que defendia uma nova Constituição para o Brasil e atacava o autoritarismo do Governo Provisório de Getúlio Vargas. Os paulistas entraram em confronto com as tropas fiéis a Vargas durante quase três meses, mas, isolados, foram derrotados.

27

O BRASIL NA SEGUNDA GUERRA

A Segunda Guerra Mundial, que durou de 1939 a 1945, foi um dos maiores conflitos da história. Em 1942, submarinos alemães afundaram os navios brasileiros. Então, em 1944 o nosso país entrou no conflito. Para ajudar os estadunidenses a libertar a Itália, o Brasil enviou cerca de 25 mil soldados da Força Expedicionária Brasileira (FEB), 42 pilotos e 400 homens de apoio da Força Aérea Brasileira (FAB).

28

O GOLPE MILITAR DE 1964

O Golpe Militar de 1964 foi um movimento de tomada de poder que aconteceu entre 31 de março e 9 de abril de 1964 e que resultou na Ditadura Militar (1964-1985). A Ditadura, que tinha motivações políticas e militares, ficou marcada por censuras, sequestros e execuções. Além disso, muitas pessoas tiveram de se exilar em outros países para não sofrer as consequências do Golpe, como os cantores Caetano Veloso e Chico Buarque, e o pedagogo Paulo Freire.

PERSONALIDADES HISTÓRICAS

29 TIRADENTES

Joaquim José da Silva Xavier, mais conhecido como **Tiradentes**, tornou-se muito popular entre o povo por causa de sua participação ativa na Inconfidência Mineira. Por ter sido o único envolvido no conflito a ser condenado à morte pela Coroa Portuguesa, a data de sua execução é relembrada no calendário brasileiro: o Dia 21 de Abril. Com isso, o herói mineiro recebeu o título de "patrono cívico da nação", ou seja, tornou-se o único brasileiro a ter sua data de morte como feriado nacional.

30 DOM PEDRO II

Nascido no Rio de Janeiro, **Dom Pedro II** foi o primeiro monarca de nacionalidade brasileira. Além disso, ele comandou o Brasil por mais tempo do que qualquer outra pessoa. Foram exatos 49 anos (1840 a 1889). Como comparação, seu pai, Dom Pedro I, permaneceu no cargo por apenas nove anos (1822-1831).

31 PRINCESA ISABEL

Filha do imperador Dom Pedro II, Isabel de Orléans e Bragança, mais conhecida como princesa Isabel, possui grande notoriedade por ter assinado a Lei Áurea em 1888. Esse importante marco, que aboliu a escravidão no Brasil, deu à princesa Isabel o título de "A Redentora".

32

ANITA GARIBALDI

Anita Garibaldi teve um papel importante na história do Brasil. Ao lado do marido, o general italiano Giuseppe Garibaldi, ela participou de variadas batalhas em prol da República, inclusive durante a Revolução Farroupilha. Devido à sua atuação, Anita recebeu muitas homenagens. Além de ter seu nome estampado em avenidas, ruas e escolas pelo Brasil, em 2012 foi inaugurada uma ponte com seu nome em sua cidade natal, Laguna (em Santa Catarina).

33

MARECHAL DEODORO DA FONSECA

Marechal Deodoro da Fonseca tem um papel de grande relevância para a história do Brasil. Além de ser o primeiro presidente do país, o militar ainda foi responsável por proclamar a República do Brasil no dia 15 de novembro de 1889. Após o fim da monarquia, Deodoro assumiu o governo provisoriamente, mantendo-se no poder até a criação de uma nova Constituição, promulgada em 1891.

Anita Garibaldi

34

ZUMBI DOS PALMARES

Zumbi foi líder do Quilombo dos Palmares e um modelo de resistência à escravidão de negros no Brasil. Com suas habilidades de guerreiro, ele lutava pela liberdade e pelo fim da escravidão no país. Seu nome tem origem "quimbunda" (língua africana) e faz referência a seres espirituais, como fantasmas e duendes.

35

JUSCELINO KUBITSCHEK

Além de governar o Brasil entre 1956 e 1961, **Juscelino Kubitschek** entrou para a história por ter erguido Brasília, em 1960. Ele também foi responsável por outras grandes construções, como as usinas hidrelétricas de Três Marias e de Furnas, e a abertura de grandes rodovias.

15

DELÍCIAS BRASILEIRAS

36 SABOROSA FEIJOADA

Muito famosa no Brasil e no exterior, a **feijoada** é considerada o prato nacional do nosso país. Há algumas histórias sobre a criação dela, dentre as quais — e que alguns historiadores afirmam ser apenas uma lenda — a de que esse prato foi criado por escravizados no período colonial do Brasil. Para fazê-lo, eles usavam as carnes desprezadas pelos senhores das casas, ou seja, orelha e língua de porco, que eram misturadas ao feijão preto.

37 DE MINAS PARA O BRASIL

Muitas são as histórias que rodeiam a origem do pão de queijo, famoso biscoito mineiro que ganhou o coração, ou melhor, o estômago, de pessoas de todo o país e do mundo, pois há muitos estrangeiros que amam essa iguaria. Uma dessas histórias aponta que, por volta do século XVIII, ao contrário do polvilho, quase não se encontrava farinha de trigo na região de Minas Gerais. Então, para usar o ingrediente mais abundante, as cozinheiras das fazendas misturavam polvilho, leite, ovos, banha de porco ou manteiga e lascas de queijo para fazer biscoitos. Assim, surgiram os primeiros pães de queijo, tão famosos hoje em dia.

38 CHEIRINHO DE CAFÉ

O café é apreciado por pessoas do mundo todo, mas, no Brasil, essa bebida faz parte do dia a dia de muitos brasileiros. Não é à toa a fama do país como uma referência em café. Afinal, somos o maior produtor de café do mundo! Mesmo países que estão do outro lado do mundo, como o Japão e a Coreia do Sul, não deixam de apreciar o delicioso café brasileiro.

VOCÊ SABIA?

No dia 17 de agosto é comemorado o Dia Nacional do Pão de Queijo. Era de se esperar que um biscoito tão delicioso e apreciado por todos fosse ter um dia dedicado a ele.

AÇAÍ NA REFEIÇÃO E NA SOBREMESA

39

O açaí é uma fruta que sempre foi muito consumida pelos habitantes da Região Norte, especialmente pelo povo indígena, mas seu sabor acabou agradando pessoas dos mais diversos estados brasileiros. Oficialmente, a fruta costuma ser consumida em pratos com peixes e frutos do mar. Mas, hoje, ela ganhou novas formas de preparo: sua polpa, congelada, passou a ser batida com xarope de guaraná e banana, além de outras frutas e confeitos, tornando-se uma sobremesa refrescante e nutritiva.

TÍPICO CHURRASCO

40

Há diferentes histórias sobre o surgimento do **churrasco brasileiro**, mas se acredita que ele tenha origem no Pampa, região da América do Sul que compreende mais da metade do Rio Grande do Sul e parte do Uruguai e da Argentina. Supõe-se que seu modo de preparo se deva à influência dos indígenas, pois eles costumavam assar a carne ao ar livre e em uma fogueira feita sobre pedras e uma grelha.

VAI UM MATE?

41

Se o pão de queijo é um alimento tipicamente mineiro, o chimarrão é uma bebida tipicamente sulista. Feita com erva-mate e água fervente, ela é ingerida com o auxílio de uma cuia e uma bomba. Acredita-se que o chimarrão (ou mate) é um legado dos indígenas guaranis, que habitam a Região Sul do Brasil, e que seu consumo confira vitalidade, força e alegria aos indígenas.

DELICIOSA TAPIOCA

42

A tapioca é um alimento de origem indígena que se tornou uma iguaria típica do Nordeste do Brasil. Por ser uma opção saudável, além de deliciosa e de fácil preparo, ela passou a ser consumida por pessoas de todo o país. De tão difundida e apreciada, a tapioca fez surgir uma nova profissão. Isso mesmo! Procure em dicionários virtuais e descubra que "tapioqueiro" já aparece na lista de palavras da língua portuguesa.

17

GRANDES NOMES DA LITERATURA

43 MONTEIRO LOBATO

Monteiro Lobato é um dos grandes nomes da literatura brasileira, especialmente da literatura infantil. Entre seus personagens, aqueles que povoam o Sítio do Picapau Amarelo são os que mais se destacam e fizeram e continuam fazendo parte da infância de muitos. Para a alegria dos leitores, o famoso sítio existe e está localizado na cidade de Taubaté, que é considerada a Capital Nacional da Literatura Infantil por ser o local de nascimento de Lobato.

44 CARLOS DRUMMOND DE ANDRADE

Carlos Drummond de Andrade é considerado um dos maiores escritores do país, além de um dos mais influentes poetas brasileiros do século XX. Por sua grande contribuição cultural, algumas homenagens estão espalhadas pelas ruas do país. Em Porto Alegre, por exemplo, há uma estátua intitulada "Dois Poetas" e, no Rio de Janeiro, encontra-se a estátua conhecida como "O Pensador", na Praia de Copacabana.

45 MACHADO DE ASSIS

Machado de Assis é um dos principais representantes da literatura brasileira e reconhecido no mundo todo. Com a publicação de sua obra *Memórias Póstumas de Brás Cubas,* em 1881, o escritor apresentou um gênero literário até então inovador: o realismo. Além de cronista, jornalista, poeta e teatrólogo, Machado foi um dos fundadores da Academia Brasileira de Letras (ABL), que surgiu em 1897.

46 CLARICE LISPECTOR

Nascida na Ucrânia e chamada inicialmente de Haia Pinkhasovna Lispector, **Clarice** é um dos grandes nomes da literatura. Como veio para o Brasil ainda criança, a escritora dizia que o Brasil era sua pátria e que Pernambuco era seu lugar de origem. Além de escritora, Clarice era jornalista e tradutora, tendo adaptado obras de famosos autores como Agatha Christie, Oscar Wilde e Edgar Allan Poe.

47 RACHEL DE QUEIROZ

Rachel de Queiroz foi uma grande escritora brasileira, além de jornalista, tradutora e teatróloga. Autora do famoso livro *O Quinze*, Rachel ainda conseguiu outros feitos: é a primeira mulher a entrar para a Academia Brasileira de Letras e a primeira mulher a receber o Prêmio Camões, premiação instituída em 1988 pelos governos português e brasileiro a fim de homenagear os autores que contribuíram para o enriquecimento do patrimônio literário e cultural da língua portuguesa.

48 JOSÉ DE ALENCAR

José de Alencar foi um dos maiores romancistas brasileiros. Entre suas obras, destacam-se *Iracema*, *Senhora* e *O Guarani*, sendo que este último serviu de inspiração para a ópera *O Guarani*, composta pelo músico e compositor Carlos Gomes. Por sua importante trajetória na área da literatura, o escritor foi escolhido por Machado de Assis para ocupar a Cadeira número 23 da Academia Brasileira de Letras.

49 CECÍLIA MEIRELES

Poeta (como costumava se chamar), jornalista, pintora e professora, Cecília foi a primeira voz feminina que obteve grande destaque na literatura brasileira. Embora outros escritores tenham sido retratados nas notas de dinheiro do Brasil, Cecília foi a primeira e única escritora a estampar uma cédula nacional. Ela foi homenageada nas notas de 100 cruzados novos entre 1989 e 1992.

MAIORES REPRESENTANTES DA MÚSICA

50 TOM JOBIM

Um dos inventores da Bossa Nova, além de um dos principais representantes da Música Popular Brasileira (MPB), **Tom Jobim** é um dos mais importantes nomes da música no Brasil. Não é à toa que ele foi eleito como o maior artista da música brasileira pela revista *Rolling Stone*. Com Vinicius de Moraes, o cantor compôs *Garota de Ipanema*, uma das músicas brasileiras mais regravadas da história, sendo que uma das regravações foi feita pelo próprio Tom Jobim com Frank Sinatra.

51 MARIA BETHÂNIA

Maria Bethânia iniciou sua carreira como cantora em 1965 e gravou seu primeiro álbum, chamado "Maria Bethânia", no mesmo ano. Treze anos depois, em 1978, com o álbum "Álibi", Bethânia se tornou a primeira brasileira a atingir a marca de 1 milhão de discos vendidos. Como se esses feitos, já não fossem suficientes, a cantora ainda detém um recorde impressionante: ela é a artista que mais levou o Prêmio da Música Brasileira, com 23 estatuetas.

52 ARY BARROSO

Ary Barroso foi um dos maiores compositores da MPB do século XX. *Aquarela do Brasil*, considerada um hino nacional, é uma de suas músicas mais famosas e lhe rendeu fama internacional. Além de talentoso compositor, Ary atuou em diversas áreas, como instrumentista, apresentador de programa de auditório e locutor esportivo.

JOÃO GILBERTO

53

A Bossa Nova foi um movimento musical que apresentou um jeito novo e característico de se tocar violão. E esse jeito foi criado por ninguém mais, ninguém menos do que João Gilberto! Trazendo inovação para a música brasileira, o cantor e compositor alcançou sucesso internacional, levando a MPB para o mundo todo.

TOQUINHO

54

Importante compositor e cantor brasileiro, Toquinho alcançou grande sucesso com as canções *Aquarela* e *O Caderno*. *Aquarela* está tão presente no dia a dia de tantas crianças no Brasil que ela se tornou um verdadeiro hino da infância. Além de sua grande influência para a música infantil, Toquinho também trouxe valiosas contribuições para a MPB, em parceria com Vinicius de Moraes e Tom Jobim.

VINICIUS DE MORAES

55

Conhecido por todos como poetinha, Vinicius de Moraes fazia jus a seu apelido desde cedo, quando demonstrou interesse pela poesia. O *Soneto de Fidelidade*, publicado em 1939, é um dos mais famosos do poeta e compositor. Contando com grandes parcerias, como Tom Jobim e João Gilberto, Vinicius se tornou ainda mais conhecido por suas belíssimas composições, como *Arrastão*, *Garota de Ipanema* e *Onde Anda Você*.

ROBERTO CARLOS

56

Grande cantor e compositor, **Roberto Carlos** é considerado "O Rei" da música romântica. Ele conquistou sucesso na década de 1960 quando um movimento de *rock* chamado Jovem Guarda surgiu no Brasil sob sua liderança. Dez anos depois, a partir de 1970, Roberto Carlos adotou um novo estilo, dessa vez mais romântico. Com essa mudança, o cantor conquistou ainda mais o coração dos brasileiros, principalmente graças às suas músicas *Emoções*, *Detalhes* e *Como vai você*, que estão na memória de muitos brasileiros (talvez de todos).

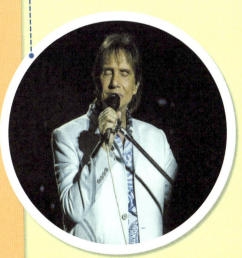

PRINCIPAIS NOMES DA ARTE

57 ROMERO BRITTO
Romero Britto é conhecido pelo estilo colorido de suas obras, denominado *pop art*. As pinceladas vivas do artista chamaram a atenção de grandes celebridades. Britto chegou a produzir quadros para Madonna, Michael Jackson, Dilma Rousseff e o príncipe William. Sua arte, que tem como finalidade levar esperança para as pessoas, passou a ser chamada de "arte da cura" por seus admiradores.

58 TARSILA DO AMARAL
Tarsila é um dos ícones do movimento modernista no Brasil, além de principal idealizadora do movimento antropofágico nas artes plásticas. Dentre suas inúmeras pinturas, a obra "Abaporu" é a mais famosa. Criada em 1928, ela foi leiloada em Nova York em novembro de 1995. Arrematada por 1,3 milhão de dólares, "Abaporu" tornou-se a pintura mais cara feita por um artista brasileiro. Atualmente, pertence ao acervo do Museu de Arte Latino-Americana de Buenos Aires (Malba), na Argentina.

59 ANITA MALFATTI
Anita Malfatti foi uma das mais importantes pintoras brasileiras da primeira fase do modernismo. Na Semana de Arte Moderna de 1922, um dos acontecimentos mais importantes da época, a pintora expôs 20 telas que chocaram muitas pessoas por causa de seu estilo expressionista. Atualmente, muitas obras de Anita encontram-se nos principais museus do Brasil. O quadro "A Estudante" está no Museu de Arte de São Paulo; "A Boba", no Museu de Arte Contemporânea da Universidade de São Paulo; e "Uma Rua", no Museu Nacional de Belas Artes do Rio de Janeiro.

DI CAVALCANTI

60

Outro grande representante do modernismo brasileiro, Di Cavalcanti ganhou fama nacional e internacional com suas obras. Contrário ao abstracionismo, nas obras do artista transparece seu estilo expressionista e cubista. A obra "Cinco Moças de Guaratinguetá" é uma das mais conhecidas de Di Cavalcanti e chegou a ser estampada em um selo postal.

ALEIJADINHO

61

Aleijadinho foi um dos maiores escultores do Brasil colonial. Principal representante do barroco, o artista mineiro é famoso por suas esculturas em pedra-sabão, entalhes em madeira e esculturas em igrejas. Por causa de uma doença degenerativa que o acometeu por volta dos 40 anos de idade, Aleijadinho passou a perder progressivamente o movimento dos pés e das mãos. Daí surgiu seu apelido. Apesar dessa limitação, o artista continuou trabalhando na construção de igrejas e altares nas cidades de Minas Gerais.

CÂNDIDO PORTINARI

62

Importante pintor brasileiro, **Portinari** foi autor de mais de 5 mil obras. Grande parte delas é reconhecida nacional e internacionalmente e rendeu a Portinari repercussão mundial. Na década de 1950, a sede da Organização das Nações Unidas (ONU) foi presenteada com uma das grandes obras do pintor, "Guerra e Paz", retornando ao Brasil mais tarde. Ela está guardada no acervo do Teatro Municipal do Rio de Janeiro.

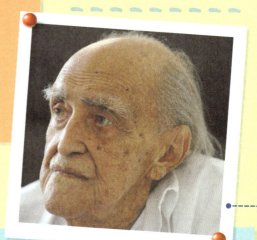

OSCAR NIEMEYER

63

Embora não seja pintor, nem escultor, **Niemeyer** é famoso por outra habilidade artística: a arquitetura. Ousado em suas construções, que usam e abusam das curvas, o arquiteto foi o mais influente da arquitetura moderna mundial. Dentre suas belíssimas criações, destacam-se: Igreja São Francisco de Assis, localizada em Belo Horizonte; sede da ONU; Museu de Arte Contemporânea de Niterói; e Museu Oscar Niemeyer.

BRASIL EM CAMPO

64 MOMENTO MEMORÁVEL

A **Seleção Brasileira de Futebol** é um dos maiores motivos de orgulho dos brasileiros. Mas você sabia que o primeiro jogo da equipe aconteceu há mais de 100 anos? Isso mesmo, o primeiro jogo da seleção foi um amistoso contra o clube inglês Exeter City e aconteceu em 21 de julho de 1914. Na época, o time era formado por uma combinação de jogadores paulistas e cariocas, e o placar terminou em 2 a 0 para a recente Seleção Brasileira.

65 REFERÊNCIA MUNDIAL

Quando o assunto é futebol, não é para menos que a Seleção Brasileira é uma referência mundial. Afinal, ela é recordista em Copas do Mundo, com 5 títulos (1958, 1962, 1970, 1994, 2002), e em Copas das Confederações, com 4 (1997, 2005, 2009, 2013).

66 EM TODAS AS COPAS

Além de ser a seleção recordista em número de vitórias na Copa do Mundo, que foi criada em 1930, o Brasil ainda detém o título de único país do planeta a participar de todas as edições. São 21 participações no total! Para comparação: a equipe da Alemanha é a segunda seleção a participar de mais edições da Copa, com 19.

67 REI DO FUTEBOL

Pelé foi, com certeza, um dos jogadores de quem todos já ouviram falar. Um verdadeiro gênio em campo, o atacante conquistou muitos recordes e títulos impressionantes, como o de maior jogador de todos os tempos, atleta do século XX e Rei do futebol. Apesar de ter largado as chuteiras em 1977, Pelé foi considerado o segundo maior artilheiro do mundo, com 757 gols (em jogos oficiais). O primeiro lugar pertence a Cristiano Ronaldo.

68 MAJESTADE EM CAMPO

Marta é um dos maiores nomes do futebol. Eleita seis vezes como a melhor jogadora do mundo pela Federação Internacional de Futebol (Fifa), não é à toa que a jogadora brasileira é conhecida como a Rainha do futebol. Outro recorde impressionante alcançado por Marta é o de maior artilheira de Copas do Mundo, com 17 gols no total.

69 PAÍS DO FUTEBOL?

Muitos acreditam que o Brasil é o país do futebol, mas se levarmos em conta onde o esporte nasceu e a quantidade de clubes, esse título vai para a Inglaterra. Afinal, além de o esporte ter surgido em solo britânico, o país conta com mais de 40 mil times, um número que é três vezes maior do que os nossos 13 mil clubes.

70 VESTINDO A CAMISA

Desde seu surgimento, a Seleção Brasileira contou e continua contando com grandes nomes do futebol. Alguns vestiram a camisa por mais tempo do que outros. Este é o caso do Cafu, que participou de 142 jogos pela seleção (1990-2006); do Roberto Carlos, com 125 participações (1992-2006), e Daniel Alves, com 118 (2006 em diante).

25

COMEMORAÇÕES IMPORTANTES

CARNAVAL — 71

O Carnaval é uma das datas mais festejadas no Brasil. Mas sua origem remonta à Antiguidade. Originária do latim *carnis levale*, a palavra Carnaval significa "retirar a carne". Seu sentido indica a importância de jejuar durante a Quaresma, período de quarenta dias anteriores à Páscoa, e de se evitar certas atitudes que podem ser nocivas.

Com a popularidade das festas carnavalescas, alcançada a partir do século XX, a comemoração se tornou tão famosa que ganhou a posição de uma das maiores festas do Brasil.

CORPUS CHRISTI — 72

Corpus Christi é uma celebração religiosa originada no século XIII. Do latim, a expressão significa "Corpo de Cristo". Essa data é celebrada para lembrar a presença de Jesus Cristo na Eucaristia. Por influência portuguesa, a celebração é acompanhada de algumas atividades, como a produção de tapetes. Representando símbolos e momentos importantes da Bíblia, os tapetes são confeccionados com vários materiais — como serragem, borra de café e areia — e espalhados pelas ruas, tudo para receber o Santíssimo Sacramento, que é levado pelo sacerdote, que caminha sobre os tapetes, pelas ruas.

INDEPENDÊNCIA DO BRASIL — 73

7 de Setembro é uma das datas comemorativas mais importantes do Brasil, pois relembra um acontecimento muito significativo da nossa história: a Independência. Foi nessa data, no ano de 1822, que Dom Pedro I se desprendeu das amarras portuguesas, dando início à trajetória do Brasil como nação autônoma. Até hoje, a data é comemorada em todo o Brasil com desfiles, shows e outras atividades.

PROCLAMAÇÃO DA REPÚBLICA

74

No dia 15 de Novembro é comemorado mais um acontecimento significativo da história do Brasil, pois foi nessa data, em 1889, que o Marechal Deodoro da Fonseca proclamou a República, tornando-se o primeiro presidente do país. Esse evento estabeleceu o fim da monarquia e deu início ao regime presidencialista no Brasil.

CONSCIÊNCIA NEGRA

75

No dia 20 de Novembro, comemora-se o Dia da Consciência Negra, uma data que foi instituída pela Lei 12.519, de 10 de novembro de 2011. Tal data faz referência ao dia da morte de Zumbi, grande líder do Quilombo dos Palmares, que até hoje é símbolo de resistência contra a escravidão do povo negro no Brasil.

TIRADENTES

76

Por meio da Lei 4.897, datada de 1965, em 21 de Abril passou a ser comemorado o Dia de Tiradentes. A data, que faz referência ao dia de sua morte, tem como objetivo homenagear e ressaltar a importância de Tiradentes, que foi um dos líderes da Inconfidência Mineira e é considerado um herói nacional.

DIA DA BANDEIRA

77

A fim de celebrar a adoção da atual bandeira brasileira, 19 de Novembro foi escolhido como Dia da Bandeira no Brasil. A opção por essa data se deu porque a **bandeira brasileira** vigente foi adotada exatamente em 19 de novembro, de 1889, como consequência da Proclamação da República.

27

RECORDES BRASILEIROS

78 UMA PRAIA GIGANTESCA

Famoso por suas belezas naturais, o que inclui praias paradisíacas, o Brasil também é conhecido por possuir a maior do mundo. A Praia do Cassino, localizada no Rio Grande do Sul, possui mais de 200 quilômetros de extensão, tamanho que concedeu a ela o título de praia mais extensa do mundo, pelo Livro dos Recordes, em 1994.

79 GRANDE CAJUEIRO

O maior cajueiro do mundo está no Brasil, especificamente no estado do Rio Grande do Norte. A árvore cobre uma área de 8.500 metros quadrados e, na sua safra, entre os meses de novembro e janeiro, produz cerca de 2,5 toneladas de caju!

80 MAIOR PRODUTOR DE CAFÉ

Famoso por seu **café**, o Brasil também é considerado o maior produtor e exportador de café do mundo. O investimento nesse grão é tão grande que a enorme extensão de suas lavouras equivale a 2 milhões de campos de futebol. Impressionante, não?!

81 UM RIO GIGANTE

Ainda tratando de extensão, e também de volume de água, o Brasil tem a fama de possuir o maior rio do mundo, graças à imensidão do Rio Amazonas, que possui 6.992 quilômetros de extensão. Com essa grandiosa medida, o Rio Amazonas bate o tamanho de rios famosos e históricos, como é o caso do Rio Nilo, que possui 6.853 quilômetros.

82 MAIOR COMUNIDADE NIPÔNICA

De acordo com dados do Consulado do Japão em São Paulo, cerca de 1,5 milhão de japoneses vive no Brasil atualmente — isso significa que o Brasil é a maior comunidade nipônica fora do Japão. Desse total, mais de 400 mil encontram-se na cidade de São Paulo, o que justifica a criação do bairro da Liberdade, que é conhecido como o bairro japonês da capital paulista.

83 PAÍS DA BIODIVERSIDADE

Por possuir muitos biomas (Amazônia, Mata Atlântica, Cerrado, Caatinga, Pampa e Pantanal), o Brasil tem mais espécies de animais e plantas do que qualquer outro país. E por isso ele possui o título de país com a maior biodiversidade do mundo. Segundo o site *Biodiversity Finance Initiative,* 103.870 espécies animais e 43.020 espécies vegetais já foram catalogadas no Brasil até os dias de hoje.

84 UM GRANDE EXPORTADOR

Além do café, o Brasil também se destaca pela enorme produção no ramo agropecuário. Ano após ano, o país eleva o volume de carne produzida e exportada, de modo que o Brasil segue mantendo o título de maior exportador de carne bovina e carne avícola do mundo.

29

CURIOSIDADES REGIONAIS

NORTE

RIQUEZA FLORESTAL 85
O Amazonas é o maior estado brasileiro, abrigando uma das florestas mais ricas em biodiversidade do mundo: a Floresta Amazônica. Estima-se que cada hectare dela possua mais espécies do que toda a América do Norte. Daí pode-se ter uma ideia da riqueza contida no estado do Amazonas.

EXEMPLO DE CONSERVAÇÃO AMBIENTAL 86
O Amapá tem uma das maiores reservas indígenas do Brasil. Além disso, foi o primeiro estado brasileiro a demarcar todas as terras indígenas. Do seu território, 72% são ocupados por áreas protegidas, o que faz do Amapá o estado com a maior porcentagem de conservação do país.

NORDESTE

GRANDE PRODUTOR 87
O **Rio Grande do Norte** é o maior produtor de petróleo (em terra) do Brasil, além de maior produtor de sal. Cerca de 90% do sal produzido no país vem do Rio Grande do Norte.

CENTRO-OESTE

88

MAIOR PLANÍCIE DO MUNDO

O Pantanal, no Mato Grosso, é considerado a maior planície inundável do planeta. Tal área, que mede cerca de 250 mil quilômetros quadrados, é um dos locais com a maior biodiversidade do mundo. Estima-se que há mais espécies de peixes nos rios do Pantanal do que em todo o continente europeu. É de impressionar!

89

SUDESTE

UMA CIDADE MARAVILHOSA!

O Rio de Janeiro é o terceiro estado mais populoso do Brasil, mas sua densidade demográfica (distribuição de pessoas por quilômetro quadrado) é a segunda maior do país. Conhecida como "Cidade Maravilhosa", a capital do Rio de Janeiro é uma das cidades mais visitadas da América do Sul. Estima-se que 2,82 milhões de turistas do exterior visitam a cidade para conhecer suas praias e, é claro, o Cristo Redentor.

CIDADE RIQUÍSSIMA

90

Considerado o estado mais populoso e rico do Brasil, São Paulo possui cerca de 44 milhões de habitantes, o que representa 21% de toda a população brasileira. Além disso, o estado é responsável por 30% do Produto Interno Bruto (PIB) de todo o país. Outro dado bastante impressionante de São Paulo é que o estado possui a maior oferta cultural da América do Sul. Ao todo, são 110 museus, 40 centros culturais, 80 bibliotecas, 280 cinemas e 160 teatros.

SUL

91

ÍNDICES DE RESPEITO

Os melhores índices sociais do Brasil pertencem a um estado sulista: Santa Catarina. Além de apresentar uma alta expectativa de vida e a menor taxa de mortalidade infantil, o estado ainda tem o menor índice de analfabetismo e de desigualdade econômica. Bravo, Santa Catarina!

TOP 10 DAS MARAVILHAS DO BRASIL

92 CATARATAS DO IGUAÇU

Uma das maiores belezas naturais do Brasil e do mundo. Não é para menos que elas foram escolhidas como uma das Sete Maravilhas Naturais do Mundo. São formadas por 275 quedas d'água, que alcançam até 80 metros de altura. Esse número de quedas pode variar, dependendo da época.

93 VALE DA LUA

É um conjunto magnífico de formações rochosas encontrado na Chapada dos Veadeiros, um parque nacional do município de Alto Paraíso, em Goiás. O local recebeu esse nome por causa do seu visual que se assemelha ao do solo lunar.

94 GRUTA DO LAGO AZUL

Localizada em Bonito, no Mato Grosso do Sul, é um monumento natural de dimensões gigantescas. O local já foi explorado por equipes de mergulho multinacionais, mas até hoje ainda não foi encontrado o fundo do lago. Tal fato gerou várias hipóteses sobre a gruta. Uma delas é a de que ela seria uma espécie de porta para o Aquífero Guarani, o maior depósito natural de água doce do planeta.

95 CRISTO REDENTOR

O Cristo Redentor é um dos maiores símbolos do Brasil. Por tamanha beleza e magnitude, é considerado uma das Sete Maravilhas do Mundo Moderno. Esculpida inicialmente em Paris, na década de 1920, a construção levou quase 10 anos para ser inaugurada.

96 OURO PRETO

Foi palco do movimento da Inconfidência Mineira. Tombada como Patrimônio Cultural da Humanidade pela Unesco, a cidade se destaca por suas lindas montanhas e sua arquitetura, que é uma das mais conservadas em todo o país.

97 CATEDRAL DA SÉ

Situada na cidade de São Paulo, é uma das maravilhas do Brasil, além de um dos maiores templos neogóticos do mundo. Sua construção se iniciou em 1913 e sua inauguração se deu apenas em 1954 (ainda sem as torres principais), durante a comemoração do Quarto Centenário da Cidade de São Paulo.

98 PARQUE INDÍGENA DO XINGU

Localizado no estado do Mato Grosso, é a maior e uma das mais famosas reservas indígenas do mundo. Afinal, a área possui mais de 26 milhões de hectares e 26 povos indígenas, de modo que 26 idiomas são falados no local.

99 CÂNION DO XINGÓ

Localizado no município de Canindé do São Francisco, no estado de Sergipe, é o quinto maior cânion navegável do mundo. Com 65 quilômetros de extensão, 170 metros de profundidade e 50 a 300 metros de largura, o paredão de rochas possui mais de 60 milhões de anos. Além disso, pinturas rupestres encontradas no local indicam vestígios das primeiras pessoas que habitaram o local.

100 FLORESTA AMAZÔNICA

Distribuída entre nove países (Brasil, Venezuela, Colômbia, Peru, Bolívia, Equador, Suriname, Guiana e Guiana Francesa), possui quase sete milhões de quilômetros quadrados. Considerada uma das Maravilhas Naturais, a Floresta, que conta com diversas espécies animais e vegetais, possui 60% de sua área em território brasileiro.

101 BAÍA DO SANCHO

Localizada no arquipélago de Fernando de Noronha, no estado de Pernambuco, foi eleita a melhor praia do mundo cinco vezes (2014, 2015, 2017, 2019 e 2020). Com água de tom verde-esmeralda, branquíssimas areias e bancos de corais com variadas espécies marinhas, o local é uma verdadeira beleza natural.